Muzio Clementi

6 Sonaten

6 Sonatas · 6 Sonates

opus 1

Piano

Herausgegeben von
Edited by · Edité par
David Patrick

ED 9029
ISMN M-001-12664-9

SCHOTT

Mainz · London · Madrid · New York · Paris · Tokyo · Toronto

© 2000 Schott Musik International GmbH & Co. KG, Mainz · Printed in Germany

Vorwort

Muzio Clementi, 1752 in Italien geboren, wurde bereits mit 13 Jahren in seiner Heimatstadt Rom als Organist an die Kirche St. Lorenzo in Damaso berufen. In dieser Zeit hörte ihn ein englischer Reisender, Peter Beckford, der ihn überredete, mit ihm nach England zu gehen. Clementi blieb sieben Jahre auf Beckfords Gut in Dorset, wo er sich im Cembalospiel und der Komposition üben konnte. Während dieser frühen Jahre in Rom und Dorset schrieb Clementi eine Messe, ein Oratorium und acht Klaviersonaten, darunter auch die hier veröffentlichten „Six Sonatas for the Harpsichord or Piano Forte", op. 1, die Peter Beckford gewidmet sind.

Mozart schrieb in einem Brief an seinen Vater Leopold: „der Clementi spielt gut, wenn es auf execution der rechten hand ankömmt. – seine force sind die terzen Passagen – übrigens hat er um keinen kreutzer gefühl oder geschmack. mit einem Wort ein blosser Mechanicus." Dennoch erlangte Clementi während seines Lebens großen Ruhm als Komponist, Pianist, Pädagoge, Verleger und Instrumentenbauer. Auch wurde er als „Vater des Pianofortespiels" bezeichnet.

Seine Sonaten op.1, die im galanten Stil geschrieben sind, bilden den Beginn eines 55 Jahre währenden kompositorischen Schaffens, das im „Gradus ad Parnassum" seinen Höhepunkt erreichte. Heute ist Clementi vorwiegend durch seine Klavierwerke bekannt, obwohl er auch Stücke für andere Besetzungen und Gattungen schrieb.

Die längste Zeit seines Lebens verbrachte er in England, wo er 1832 starb. Auf die nachfolgende Pianisten- und Komponistengeneration, darunter auch Beethoven, übte er großen Einfluß aus.

Vorliegende Ausgabe basiert auf folgender Quelle: *6 Sonatas for the Harpsichord or Piano Forte dedicated to Peter Beckford Esq. by Muzio Clementi (Opera Primo).* London - printed by Welcker in Gerrard Street, St. Anne's Soho (c. 1771). British Library, London - RM 16a 10 (1).

Anmerkungen zur Edition:

1. Tempo

Die Metronomangaben sind Herausgeberzusätze. Dabei gilt es im Auge zu behalten, daß die von Clementi verwendeten italienischen Bezeichnungen in dieser Zeit eher den Charakter des Satzes bezeichneten als das Tempo an sich. Die langsamen Sätze können dabei in einem freieren Tempo gespielt werden als die schnellen.

2. Rhythmik

Es ist sehr wahrscheinlich, daß die Ausführung der Notenwerte nicht immer streng eingehalten wurde. Von daher ist eine flexiblere Gestaltung in den langsamen Sätzen der Sonaten 3, 4 und 5 möglich.

3. Artikulation

Clementi hat festgelegt, daß aufeinanderfolgende Noten – sofern nicht anders angegeben - legato zu spielen sind. Bei Zweierbindungen wird die zweite Note leichter gespielt als die erste.

4. Dynamik

Bis 1790 war es Brauch, daß Komponisten in ihre Noten nur die gelegentlichen forte- und piano-Bezeichnungen eintrugen. Dies bedeutet aber nicht, daß nicht auch andere dynamische Angaben mitgedacht wurden. Der Herausgeber hat deshalb einige vorgeschlagen.

5. Verzierungen

Triller werden, der damaligen Konvention entsprechend, von der oberen Nebennote begonnen.

David Patrick
Übersetzung: Ann-Katrin Heimer

Preface

Muzio Clementi was born in Italy in 1752, and at the age of 13 was appointed organist of S. Lorenzo Church in his home town of Damaso. Whilst there, an English traveller, Peter Beckford, heard him play and persuaded him to go to England where Clementi spent seven years at Beckford's estate in Dorset studying, and practising the harpsichord.

During these early years in Rome and Dorset, Clementi wrote a Mass, an Oratorio and eight keyboard sonatas including these six Opus 1 Sonatas for Harpsichord or Piano Forte which are dedicated to Peter Beckford.

Mozart wrote in a letter to his father Leopold, that „Clementi plays well as far as his right hand goes, his greatest strength being in passages of 3rds. Other than that he is a mechanical player with little taste or musicality". However, throughout his life he achieved considerable success as a composer, keyboard player and teacher, music publisher and piano manufacturer. He has also been referred to as the „Father of the Pianoforte".

His Opus 1 Sonatas, written in the galant style, were the beginning of 55 years of composing which culminated in his „Gradus ad Parnassum". He is today chiefly remembered for his piano music although he composed for other musical genres in other forms.

Much of his life was spent living in England where he died in 1832. He exerted a profound influence on subsequent generations of pianists and composers (including Beethoven).

This edition is based on *6 Sonatas for the Harpsichord or Piano Forte dedicated to Peter Beckford Esq. by Muzio Clementi (Opera Primo).* London - printed by Welcker in Gerrard Street, St. Anne's Soho (c. 1771). British Library, London - RM 16a 10 (1).

The following observations regarding performance should be noted:

1. Tempo

Metronome marks are editorial. These bear in mind the Italian term used by Clementi which, during the period of writing, merely suggested the character of the movement. It is possible that slow movements were played with a freer tempo than faster movements.

2. Rhythm

It is quite likely that exact note values were not always strictly observed, thus making possible a more flexible approach in the performance of the slow movements of Sonatas 3, 4 and 5.

3. Articulation

Clementi has stated that consecutive notes should be played legato unless marked otherwise. Slurred couplets should be played with the second note lighter than the first.

4. Dynamics

It was the custom before 1790 for composers to insert only the occasional 'forte' and 'piano' marking into their scores. This did not imply that no other dynamic levels were to be employed. The editor has therefore suggested these.

5. Ornaments

Trills normally begin on the upper auxiliary note as was the convention of the period.

David Patrick

Préface

Muzio Clementi, né en Italie en 1752, fut nommé organiste de l'église S. Lorenzo in Damaso de sa ville natale de Rome dès l'âge de 13 ans. C'est alors qu'il fut entendu au clavecin par un voyageur anglais, Peter Beckford, qui le persuada de le suivre en Angleterre. Clementi resta sept ans sur la propriété de Beckford à Dorset, où il put s'exercer au clavecin et à la composition. C'est pendant ces premières années à Rome et à Dorset que Clementi écrivit une messe, un oratorio et huit sonates pour piano, dont les *Six Sonatas for the Harpsichord or Piano Forte* op. 1 publiées ici, dédiées à Peter Beckford.

Mozart écrivit dans une lettre à son père Léopold: «Clementi joue bien quand il s'agit de l'exécution de la main droite. Sa force réside dans les passages en tierces – au reste, il n'a pas pour un sou de musicalité. En un mot, un simple mécanicien». Néanmoins, Clementi fut un compositeur, un pianiste, un pédagogue, un éditeur et un fabricant de pianoforte célèbre de son vivant. Il fut également appelé le „père du pianoforte".

Ses sonates op. 1, écrites dans le style galant, constituent le début de 55 ans d'une activité de composition qui atteint son apogée avec le *Gradus ad Parnassum*. Aujourd'hui, Clementi est surtout connu pour ses œuvres pour piano, bien qu'il eut écrit également des morceaux pour d'autres distributions et d'autres genres.

Il passa la plus grande partie de sa vie en Angleterre, où il mourut en 1832. Il exerça une grande influence sur la génération de pianistes et de compositeurs qui lui succéda, dont Beethoven.

La présente édition se base sur la source suivante: *6 Sonatas for the Harpsichord or Piano Forte dedicated to Peter Beckford Esq. by Muzio Clementi (Opera Primo)*. London – printed by Welcker in Gerrard Street, St. Anne's Soho (c. 1771). British Library, Londres - RM 16a 10 (1).

Remarques relatives à l'édition:

1. Tempo

Les indications métronomiques sont des rajouts de l'éditeur. Ce faisant, il convient de ne pas perdre de vue le fait que les termes italiens utilisés par Clementi se rapportaient à cette époque plutôt au caractère du mouvement qu'au tempo. Ce faisant, les mouvements lents peuvent être joués dans un tempo plus libre que les mouvements rapides.

2. Rythme

Il est très probable que les valeurs exactes des notes n'ont pas toujours été respectées lors de l'exécution. Une approche plus flexible de la réalisation des mouvements lents des sonates 3, 4 et 5 est donc possible.

3. Articulation

Clementi a précisé que les notes consécutives, sauf indication contraire, doivent être jouées legato. Dans le cas de liaisons de deux notes, la seconde note est jouée plus légèrement que la première.

4. Dynamique

Jusqu'en 1790, il était d'usage que les compositeurs n'inscrivent que les mentions forte et piano occasionnelles. Ceci ne signifie cependant pas que d'autres mentions dynamiques n'aient pas été pensées. L'éditeur en a donc suggéré quelques-unes.

5. Ornements

Les trilles, conformément à la convention du temps, commencent par la note auxiliaire supérieure.

David Patrick
Traduction: Denise Feider

Sonata in E Flat
(Op.1 No.1)

Muzio Clementi
1752 - 1832

Allegro con comodo ($\sflat$ = c.60)

Tempo di Minuetto ($\quarternote$ = c.112)

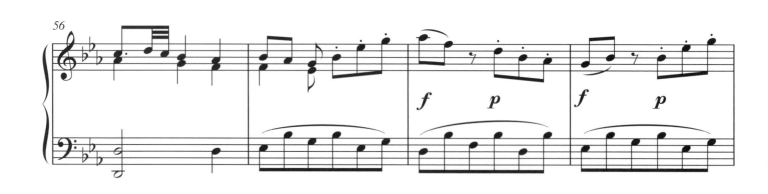

Sonata in G
(Op.1 No.2)

Muzio Clementi
1752 - 1832

Allegro assai ($\bullet$. = c.66)

Sonata in B Flat
(Op.1 No.3)

Muzio Clementi
1752 - 1832

Andantino grazioso (♩ = c.84)

Sonata in F
(Op.1 No.4)

Muzio Clementi
1752 - 1832

Larghetto (♪ = c.96)

Rondeaux (♩ = c.84)

Sonata in A
(Op.1 No.5)

Muzio Clementi
1752 - 1832

Larghetto ($\bullet$ = c.56)

Tempo di Menuetto (♩ = c.96)

Sonata in E
(Op.1 No.6)

Muzio Clementi
1752 - 1832